日豊本線を行く C57 の人気スポットとして、宮崎の大淀川橋りょうと
並んで青井岳のアンダートラス橋が知られる。道路と境川を一気に渡
るダイナミックな情景は、いまなお忘れられないシーンになっている。

1972年10月に運転された
「鉄道100年記念三重連運転」
は、C61 2 ＋ C57199 ＋
C5557の三重連という、素
晴しい列車であった。その走
行シーンもだが、途中駅、財
部駅の多くの人に囲まれたひ
とときが忘れられない。鉄道
好きもそうでない人も、みん
なが蒸気機関車との情景を
楽しんでいた。鉄道側の協力
体制も凄いもので、それを含
め佳き時代だった気がする。

特集 1

日豊本線の C57
貨物列車も受持つ旅客機

大淀川の C57
■ 日豊本線　宮崎〜南宮崎間

　宮崎の駅から 20 分ほどだっただろうか、なるべく線路から離れないように南方向に歩いていくと、注意していなくてもそれらしい景色にいきあたる。橘公園通りの向こうは川沿いに公園が広がっている。鉄道好きでなくとも、多くの観光客が散策に訪れる南国情緒溢れる一角。覗き込むと、大きな河川を長い鉄橋が横切っている。

　大淀川橋りょう。1915 年に竣工した長さ 436.9m の 19 連ガーダー橋である。都城の郊外の源流からいったんは北に流れ、途中から東へと向きを変えて日向灘に注ぐ延長 100km あまりの一級河川。河口が近いこともあって、この長さが必要だったようだ。

　街中から近いこともあって、鉄道好きにとって人気の撮影ポイントであっただけでなく、蒸気機関車晩年のブームのような折には、多くの観光客も橋りょうを渡る列車にカメラを向けていた。橘公園には宮崎の県木のひとつとされるフェニックス（カナリー島原産のカナリー・ヤシ）が、写真のアクセントとして有用なことは、この地を訪問した多くのひとが実感したことだろう。

　こんな情景が毎日、それも市の中心地がらほど近いところで繰り広げられていたことに感心したものだ。

014

　ほとんどの蒸気機関車が姿を消していた最晩年近くになっても、日豊本線のC57は命脈を保っていた。最後の撮影行のようにして南九州を訪問したのは1974年3月半ばのことだ。南宮崎まで電化が完成したのはその3月13日だから、まさしくその直後の訪問だった。

　1970年代に入ると電化工事がはじまり、大淀川橋りょうにも架線柱が建ちはじめた。間もなく架線も張られる。

　考えてみれば、電化完成後もしばらくはC57が残っていたのだから、南宮崎までは架線の下を走っていて当り前だったのだ。

　架線の下の蒸気機関車、もちろんないに越したことはないのだが、これだけ距離があり、しかも鉄橋上だったりすると、ほとんど気にならないものだ。走るC57が何号機であるのかまでは判別不能というか、どうでもいいことだった。むしろ雲の形だとかの方が気になってくる。上の写真、水面を飛ぶ鳥がアクセントになっている。

　線路端で真剣に構えているのとはちがうなあ、とつくづく思ったものだ。ただC57の第四次型だけは、やってくると妙に嬉しくなった。やはり、この地域だけを走る稀少性というものか。趣味とはそんなもの、といま更に思うのだった。

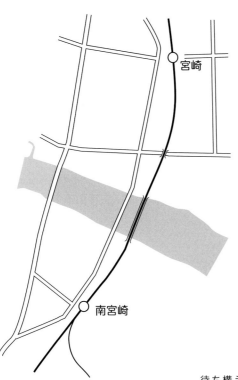

宮崎

南宮崎

待ち構える前に登場したのは、幸運にもC57の重連であった。まさしく佳き時代のC57の牽く客車列車。石炭の匂いのする客車が懐かしい。

われわれの知っている日豊本線といえば、小倉から鹿児島まで460kmあまり、それこそ西岸を走る鹿児島本線と対になるような九州の基幹路線だ。しかし、全通する前の東岸の鉄道は、というより南九州の線路はなかなか複雑であった。

　宮崎の地に線路がやってくるのは延岡側からではなく、都城から、であった。それも吉松から都城を経て、というもので、のちの吉都線＋日豊線として知られるものだ。1917（大正6）年のことで、それより前、1913（大正2）年に最初の線路は地元自らの手で開業した宮崎県営鉄道によるものであった。それを国有化し、吉松〜宮﨑間は宮崎本線とされたのだった。

　それというのも、鹿児島に至る九州縦貫線は吉松を経由する、のちの肥薩線が本線だったからで、そこから別れて宮崎への本線が敷かれたというわけだ。

　宮崎本線は北に向けて線路を延長していき、1923（大正12）年にはそれまで豊州本線と呼ばれていた大分側の線路と繋がり、小倉〜宮崎〜都城〜吉松の線路が日豊本線と命名されたのだった。

　それから4年の時を経、昭和になって間なしの1927年には、川内経由の鹿児島本線が開通したことにより、吉松経由の八代〜人吉〜吉松〜隼人（当時は西国分）〜鹿児島が肥薩線に改称された。

　最終的に小倉〜鹿児島間の日豊本線になるのは、最後の区間、大隅大川原〜霧島神宮間が開通し、隼人〜鹿児島間を日豊本線に組入れた1932年12月のことだ。一本の線路で繋がりはしたものの、場所場所で歴史も情景もまったく異なる。そして晩年、蒸気機関車の残っていた区間となると、自然と宮崎〜鹿児島間を中心とする南九州に絞られてくるわけである。

022

青井岳駅を出て間もなく境川橋りょうを渡る。有名なポイントだが、一度は訪ねておきたい、と下を走る国道で列車を待った。

青井岳を越える

■ 日豊本線　清武〜田野〜青井岳…

　清武、日向沓掛、田野、青井岳、山之口… 宮崎から南へ、都城に至るいわゆる「青井岳越え」はひとつのハイライトといえる区間であった。有名撮影地も多くあり、緩やかにカーヴする築堤のシーンは、日豊本線のC57の姿として記憶に残っているだろう。

　アマノジャクだからか、別の場所を開拓したい気持ちが先に立つのか、たまたまやってきたDF50の牽く「彗星」（これはこれでいまや貴重なんだけれどね）とか少し遅れて後追いだけ撮影できたC57の牽く列車があるのみ。

　そういいつつも、青井岳の境川橋りょうは一度だけ訪問している。といっても下を走る国道269号で列車を待っただけなのだが。標高266mの青井岳駅の宮崎寄りが全長133.5mの境川橋りょう。鹿児島寄りの1529mの青井岳トンネル内にサミットがある。

　17〜18‰でつづいてきた登り勾配が一段落するわけで、やってきた上り列車は駅を出て間なしにもかかわらず、力行することなく軽やかに通り過ぎて行った。

楠ヶ丘信号所

　青井岳トンネル、さらに山之神第一トンネルを抜けた先に楠ヶ丘信号所がある。門石信号所とともに1965年10月に開設された交換施設のある信号所だ。

　田野の築堤の代わりに楠ヶ丘信号所を訪問した。山間の狭い場所に線路が走っている。思い返してみれば、これが日豊本線のC57を追い掛けた最初だったかもしれない。

　まだ訪れるファンも少なく、想像以上の力闘をみせてくれるC57を独り占めできたような気になったものだ。貨物列車を牽くC57、その意外性も面白かった。これが、のちのち日豊本線探訪の原点になったのだった。

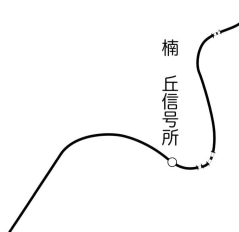

楠ヶ丘信号所

025

C5736 の牽く貨物列車が楠ヶ丘信号所に到着した。ナンバープレートの青地は当時の宮崎区の機関車の特徴だった。軽快な「小工デフ」は旅客列車に似合いだったが、貨物列車の先頭に立ち発車していくシーンは、より迫力を感じさせてくれた。

鉄道写真、特に模型から入った鉄道趣味人の撮る写真は、やはり機関車そのもの、その形やディテールに対する関心が強く、なかなか機関車から離れて写真を撮ることができなかった。

だが蒸気機関車を夢中で追い掛けていた数年の間に、写真に対する思いも変わり、技術的にも大いに進歩した。それまでディテールまでよく解るように機関車中心に撮影していたものが、だんだんと情景の中の機関車、ときには逆光の写真なども試みるようになっていた。

列車に乗って最寄り駅に着き、機関区に行ってお目当ての機関車の写真を撮る、ということから、しだいに情景写真に目覚めたのは、やはりクルマを手に入れたことが大きかった。道路と並行して走る向こうの線路を行く蒸気機関車。それは機関区のヤードで佇む姿とはまったくちがっていた。

楠ヶ丘での撮影、このまま追い掛けていきたい… どんなに欲したことか。クルマを手に入れるより前、移動は次の列車まで待つしかない、その空白の時間の切なさを思い起こすのだった。

C5736 の牽く上り貨物列車が行ったあと、トンネルから顔を出したのは C57115 の牽く下り旅客列車だった。トンネル出口での煙を狙ったのだが、残念ながらドラマティックなことはなにも起きることなく、いきなり姿を現わし通り過ぎていった。

加治木、帖佐…

　都城、国分を越えた先、加治木、帖佐といった辺りも日豊線の情景として心に残っている。間近かで見た方がよほど迫力があるのだけれど、ちょっと遠景で駅からの発車シーンなどを追っていると、ああ蒸気機関車のいる普通の情景だったなあ、それが一番心に残っているものだなあ、という思いが甦ってくる。

　それにしても、1970年代に入ってからもしばらく、C57の活躍はつづいた。貨物列車の先頭に立つ姿も板に付いて、C57同士の交換風景なども見ることができたのだから、日豊本線は貴重な路線であった。

　南宮崎～鹿児島間の電化完成によって、日豊本線の全線電化が完成するのは1979年9月25日。もちろんそれを見届けることなく、1975年にはほとんど蒸気機関車は引退。3月に「さよなら列車」が運転され、それが九州で最後の煙、ということになった。

　勝手な想像でしかないのだが、蒸気機関車牽引のお召列車も日豊線周辺が最後だったし、どこか蒸気機関車に特別の思いを注いでくれていた地区のように思えた。機関車はどれも美しく（ときに装飾過多もあったけれど）保たれ、「日向路のC57」は、最後まで蒸気機関車の美しいイメージを残したまま、姿を消していった。

　いまにして思えば、旅客列車に、貨物列車に「シゴナナ」の活躍は蒸気終焉の時代のひとつの「華」だったのだ。

走る蒸気機関車はそれを操る
機関士、機関助士に委ねられ
ている。半分シルエットのよ
うにして見える彼らの姿が、
どれほど頼もしいものか。蒸
気機関車の走る時の迫力は彼
らによって醸されている…

C57 の行くところ

　日豊本線は九州の東岸に沿って走る。山から下ってくる河川をひとつひとつ越えていかねばならないことから、日豊本線は鉄橋を走るシーンが多い。名もない鉄橋を渡るC57の牽く列車。いってみれば、蒸気機関車の走る普通の情景というものかもしれない。

　できるだけ線路に沿って走り、気に入った情景のところで列車を待つ。クルマが使えるようになってから、写真、それも列車写真のシュート数が飛躍的に増えた。それでも消えゆく蒸気機関車が撮影できる残された時間は限られている。消えてしまう前に捉えておかねば… そんな焦燥感を携えての撮影行ばかりであった。

　C57192の牽く貨物列車がやってきた。ちょっとC59の面影さえ感じさせる第四次型の「シゴナナ」と貨物列車の取り合わせは、さすがにちょっ異和感があって興味深いものであった。途中駅で追いついて、交換待ちだろうか、しばらく停まっているのをいいことに、ドアも取り払われたキャブ、九州のC57をじっくり観察させてもらった。

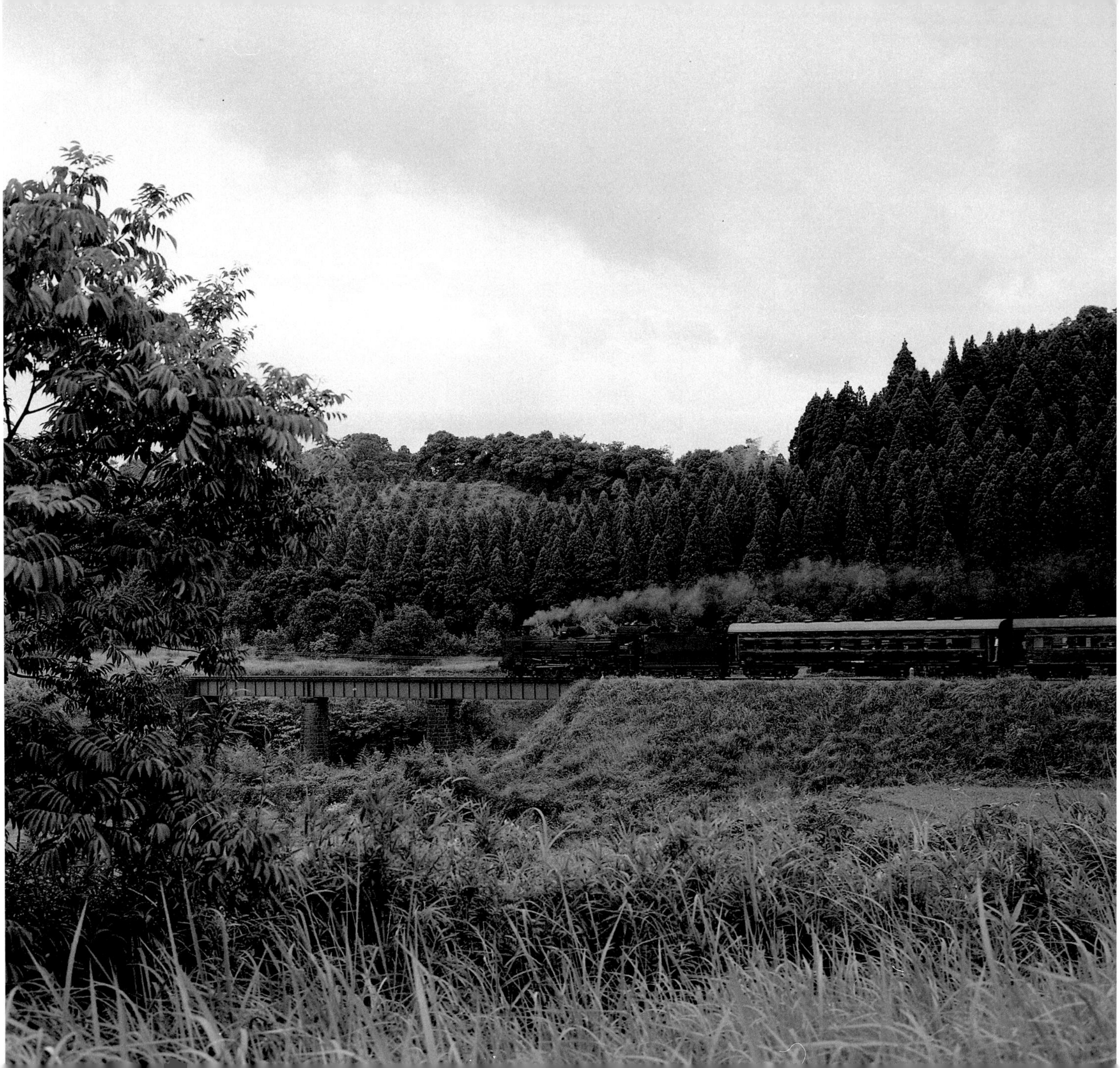

039

背後の山が迫ってくる。秋色濃い日向路、C57の活躍もそろそろ終盤を迎えようかという時期。ひょっとすると最後になるかもしれない撮影行。「シゴナナ」はそんなこちらの思いなど関係なく、いつものように列車を牽いて軽快に走り過ぎて行った。

日向長井駅発車前

　その日、九州周回の最後に宮崎から大分を目指していた。大分から瀬戸内海を夜行のフェリーで神戸まで行って、宿泊代を浮かそうという計画である。すでに目的としていた撮影も終え、この先は大分に着けばいい、という一気に緊張が解けたような行程であった。

　こんな快適なバイパス道路ができてしまうのだから、もう蒸気機関車の時代は幕を閉じてしまうんだろうな、などと思いつつ大分に向け走っていた。と、駅に到着しようとしている列車を見付けた。

　一瞬にして覚醒してしまうのは、「鉄」の性というものだろうか。 お誂え向きに駅を見下ろせる高台を見付けて、まさしく予期せぬ「帰り掛けの駄賃」になったのだった。駅は日向長井駅。すでに電化工事のためのポールが並べられ、作業も進められているようだった。駅の外れには工事のものと思われるクルマが停められ、工事関係者の動いている姿も見られる。

　ブロワを使ったのか、威勢の良い黒煙は上がるものの、一向に発車してくれない。

　「フェリーの時間に間に合わなくなるぞー」

　同乗の友人の声に後髪で先を急ぐことにした。発車してドレインを切って… そのシーンを見たかった。いや、それ以上に発車のときの音を聴きたかった。いまも少し口惜しくなったりする。

042

044

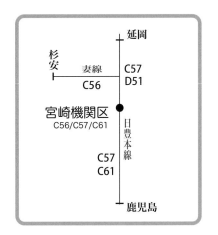

延岡
杉安　妻線　C57
　　　　　D51
　　　C56
宮崎機関区 ●
C56/C57/C61
日豊本線
C57
C61
鹿児島

特集 2

宮崎機関区の C57 13 輌

C57型

「パシフィック」こと 2C1 の軸配置を持つ旅客用機関車の代表。C51 型から進化し、C55 型を経てひとつの完成形といわれる愛称「シゴナナ」。ボックス動輪を採用し、1937 年に登場した。製造は戦後の 1947 年までつづき 201 輌に達し、年次によってチェンジを受け、第一次〜第四次まで 4 つのタイプに分かれる。

　1960 年代前半までは宮﨑機関区は C55 の活躍する機関区として人気であった。それが後半になると、順次 C57 に代わっていった。ちなみに、1967 年には C55 型 14 輌、C57 型 4 輌だったものが、1969 年にはすべて C57 型ばかり 17 輌が配置となっていた。

　同じ型式とはいえ、これだけの輌数があると、第一次型から第四次型まである C57 のうちの 3 タイプが揃う結果となった。つまり、C57 1 〜 138、139 〜 169、170 〜 189、190 〜 201 のうちのほとんどを見ることができる貴重な機関区であった。とくに最終の第四次型は、C57 の中でも異色として知られる。

　もうひとつ、日豊線で働く C57 型の特徴として、急行列車から貨物列車までを受持った、ということが挙げられよう。いうまでもなく、本来は旅客用機関車の代表のようにいわれる C57 だ。それが貨物列車の先頭に立つシーンは、ちょっと面白いものだ。

C57 4

1937年6月、川崎車両製、製番1799。新製時は名古屋区だったが、その後長く北陸、新潟地区で活躍。1965年に大分区、さらに1968年には宮崎区に。「長工式デフ」、シールドビーム前照灯。1971年10月、廃車に。

C5736

1938 年 1 月、日 立 製 作 所 製、製 番 944。
1966 年 10 月に宮崎区にやってくるまでは、
米原を皮切りに、水戸、平、高崎、豊岡などを転々、
福知山から宮崎へ。1971 年 10 月、宮崎で廃車。

C5749

1938 年 3 月、川崎車両製、製番 1902、新製時は小郡区に
配属され、戦後間なしに九州に。1963 年にいちど宮崎区に
転入してくるが、その後熊本に転属し 1965 年 12 月に再
転入。正面型式入りプレート。1972 年 11 月、廃車になる。

九州のC57型らしく「小工式デフ」に変更したものも少なくなかった。C55型とともに「小工式デフ」の似合う機関車として人気だが、それはいくつかのタイプに分けることができた。

C574のデフは、新潟時代に長野工場で装着された「長工式デフ」というのが、似て非なるところだ。

もうひとつ、共通する特徴として、先従輪をディスク輪芯に交換したものがあった。それも二軸先台車の一軸だけを交換しているなど、外観上は二輌として同じものはない、といった状況であった。

右側のランニングボードに沿って、暖房管が増設されていたり、タブレット・キャッチャーを取り付けるために、ナンバープレートを前方に移動しているもの、そのナンバープレートにいち時青色を地に入れていたのも特徴的であった。宮崎区の機関車は基本的にどれも美しく保たれており、機関車好きからの評判もよかった。

C5765

1938年8月、川崎車両製、製番1964。新製時は梅小路区に配属され、宮原区を経て戦後は九州。1968年9月に大分区から宮崎区に転入してくる。「小工式デフ」装着。1974年6月、廃車になるが、デフはC12241に再使用された。

C5766

1938 年 8 月、川崎車両製、製番 1965。
僚機 C5765 と同じ経過をたどって 1969
年 1 月に宮崎区にやってきた。1973 年 11
月に廃車後、東京大田区で保存されている。

1939 年 8 月、三菱重工業製、製番
262、新製時こそ宮原区の配属だっ
たが、すぐに鳥栖区に移動しその後
はずっと九州内で活躍。1968 年 10
月に宮崎区にやってきた。「小工式
デフ」付で、廃車は 1974 年 6 月。

C57112

C57115

1939年9月、三菱重工業製、製番265。新製時は糸崎区の配属で、その後鳥栖区を振り出しに九州内で移動。キャブ区名標位置が高い。1968年10月に宮崎区に。「小工式デフ」付で、廃車は1973年9月。

C57117

1939年10月、三菱重工業製、製番267。新製時は糸崎区で、その後九州に移動したグループ。1962年3月から宮崎区に配属され、1973年4月には「植樹祭」のお召列車を牽引した。「小工式デフ」付で、廃車は1974年8月。

054

C57176

1946年6月、三菱重工業製、製番509の第三次
型C57。新製時から九州で使用され、熊本区、鳥
栖区など移動する。1967年10月に宮崎区に。そ
の後1971年に人吉区に移り、1973年4月に廃車。

1946年7月、三菱重工業製、製番511。新製
時は新潟区で1965年に大分区、1967年9月
に宮崎区に移動。その後1971年12月に廃車。

C57178

C57192

1947年4月、三菱重工業製、製番525として誕生した第四次型C57。新製時から九州で使用され、熊本区、大分区など移動後、1967年10月に宮崎区に。先輪はスポーク、ディスク混用。1974年2月に廃車。

C57196

1946年9月、三菱重工業製、製番529。新製時は熊本区でそれからもずっと九州で使用される。長崎区、早岐区、大分区と移動した後、1967年10月に宮崎区に転属してきた。「小工式デフ」。右写真のナンバープレートは青地。廃車は1974年6月だった。

C57型のなかにあってC57190〜の第四次型は、独特のアピアランスの持ち主として注目されていた。つまり戦後型としてつくられた最初は、戦前型にほぼ準じた第三次型とされたが、新たに設計し直して大幅に変更、1946年末から第四次型としてつくられたのである。

ボイラー自体も少しサイズアップされ、キャブもドア付のものになるなど、外観から受ける印象も大きく変化している。デフレクターは前方が斜めに切り落とされたものが標準となり、ランニングボードもコンプレッサー、給水ポンプ部分が山形になった一枚で連続したものとなった。フロントデッキ部分の給水温め器もカヴァ付になる。

テンダーは船底式になって台車もコロ軸受が採用された。先従輪などは第三次型からディスク輪芯が標準にされ、それでもイメージが変わった。

細かいところでは、ボイラー上部の逆止弁がサイドに移り、逆転機も動力式となった。しかしながら、晩年の宮崎区にいたC57第四次型は他機に合わせて改装されたものも多く、手動式逆転機、スポーク先輪などが主流だった、

C57196は独特の形状の「小工式デフ」付になっている。

C57199

1947年8月、三菱重工業製、製番532。新製時から九州で使用、熊本区、長崎区など移動する。1967年10月に大分区から宮崎区に移動。デフレクターのステイが独特の形状。1974年6月に廃車。

特集3

宮崎にやってきた
C61 2

064

鹿児島区の C61 2

　それは1971年8年27日、鹿児島機関区に撮影で訪問していた。そのときは、なんと東京からクルマで鹿児島までやってきていた。というのも「クルマで描くSL日本地図」などという企画が認められて、喜び勇んで取材行に出向いていたのだ。

　いつものようにB20を詣でて、C57やC55を撮影し、機関庫を覗いた時である。そこにいたのはC61！　すでに1971年までに鹿児島本線のC61、C60型は引退してしまっていたから、ちょっとした驚きであった。

　それはC61 2。以前、東能代でお目に掛かったことがある。たしか青森区に所属していた筈だ。それがなぜ…？

　蒸気機関車の最晩年、検査の切れた機関車から廃車にし、検査の残っている機関車を移動して使用することが往々にして行なわれていた。このときも、1971年5月に鹿児島に送られ、鹿児島工場で整備の上、7月に宮崎区に移動して日豊本線で使用された。

　C612だけでなく、C6118、C6119、C6120、C6124、C6128、青森区にいた6輌のうち5輌までもが宮崎区に移動してきていたのだ。最晩年の日豊本線は、C57とC61の働く路線になっていたのである。

左のキャブの写真、着けられているナンバープレートが平板なのが奇妙だった。本当の理由は解らないが、仮の手描きプレートが着けられていたのである。次項、三重連でやって来た折には、鮮やかな赤地のナンバープレートが輝いていた。

青森時代の C61 2

　そうだ、五能線を訪れたとき奥羽本線の列車を牽いて東能代で出遇ったのが C61 2 だった。8輛編成の客車を牽いて、ホームに滑り込んできた。スノウプラウを付け、テンダーや客車の台車は雪まみれであったが、機関車のボイラーや足周りにはまったく雪がないのが印象的であった。

　雪は相変わらず降りつづいていた。そんななか、機関助士がテンダーに上がって石炭を均しに掛かる。石炭のうえも雪で真っ白になっている。その雪を掻き分け、石炭を前方に移動していく作業は、見ているだけで大変さが伝わってくる。雪は容赦なく降りそそいでいる。

　それにしても、この寒さの中、機関車周辺には湯気が付きまとう。シャッターを押すタイミングを計るのに苦労したことと想像以上の寒さで、半分震えながら撮影したのを憶えている。

　発車を見送るまでもなく、早々に駅舎に逃げ込んだのだった。

　C61 2 は 1948 年 7 月に三菱重工業でつくられて以来、仙台区、青森区で、ずっと東北、奥羽筋で活躍した機関車だ。それが、1971 年 10 月の奥羽本線電化完成を前に、7 月に日豊線へと移動してきたのであった。

三重連の特別列車
C612 + …

「鉄道100年記念」

　宮崎にやって来たC61 2は、蒸気機関車晩年の
ブームにも乗って、大変な注目度であった。そん
ななか、国鉄側も人気に応えるようにいくつもの
イヴェントを行なったりした。

　鹿児島鉄道管理局が企画した「鉄道100年記念
三重連運転」もそのひとつだ。1972年7月31日、
である、凄い偶然にもその日、鹿児島機関区に出
向いていた。ヤードの奥を磨き立てられた3輌の
蒸気機関車が連結してゆっくり走って行く。訊け
ばこれから三重連で特別列車を牽いて走るという。

　クルマは便利なものである。予定を変更して
先回り、列車を待つことにした。その列車は鹿
児島から都城まで往復した9544レ、9545レ
で、往路はC61 2+C57199+C5557、帰路は
C61+C57の重連で運転された。

　通常のダイヤの間を縫って走る特別列車である。
いくつかの駅では長い停車時間がある、という。
とにかく走っているシーンを撮って、どこかの駅
で追いついてそのイヴェントの賑わいを記録して
おこう。

　そうしてやってきたのが財部駅。ホームに駆け
つけるといきなりご覧の賑わいである。線路の真
ん中だろうが入り放題。子供やご婦人も少なくな
い。もはや鉄道好きだけの対象ではなかった。

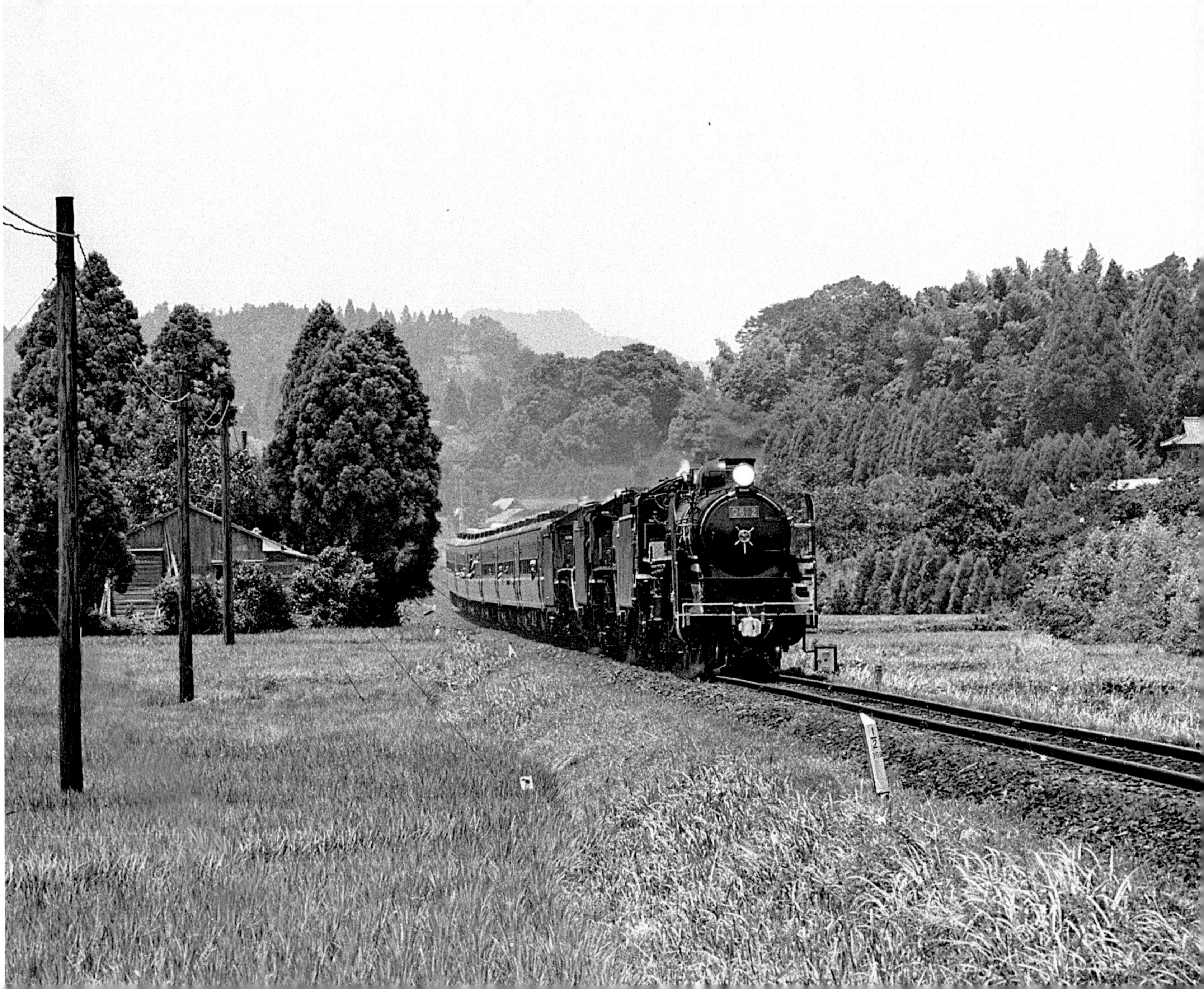

鹿児島機関区での様子が右の写真である。ラン
ニングボードの縁だけでなく、テンダーやキャブ
の窓周りにも白が入れられて、車体全体もいま艶
あり黒塗装が施されたばかり、というような出立
ちであった。

　じつはこの列車が走った前日の週末、鹿児島機
関区では、九州総局の肝いりで13型式もの蒸気
機関車が集められ、機関区開放のイヴェントも開
かれていた。考えてみれば「梅小路蒸気機関車館」
に先立って、これだけの機関車が集結し、鹿児島
区の扇形庫を埋めたというのだから、力の入れよ
うの凄さというか、当時の蒸気機関車に対する惜
別の情の大きさが伺い知れる、というものだ。

　それで、その翌日に運転された「特別列車」で
ある。機関区開放も知っていれば… いやけっこう
この頃はそうしたイヴェントは敬遠していたかも
しれない。だって、たくさんのひとが押寄せて、
みんな記録に残している。だったら、もっと陽の
当たっていないローカル線や私鉄などを訪ねる時
間に充てたい。そんな、ちょっと思い上がった気
持ちでいた頃かもしれない。

いつまでたっても人の波は引いていかない。しかし、財部の駅に到着してから、どれほどの時間が経っただろうか。一番線に DF50 の牽く対向列車がやってきて、もうもうたる煙の中、停車してそして発車していった。

列車が出て行ったら、また線路内はひとで埋まる。ご覧のような状態は果てしなくつづきそうな気配さえする。辺りは香ばしい石炭の薫りでつつまれている。誰も煙いなどということもなく、この情景を楽しんでいるようす。もちろん列車から降りてきて写真を撮っているひとも少なくないが、時間を見計らって駅に駆けつけて来た、という地元のひともそれ以上に多かった印象だ。

それにしても、美しく磨かれた C61 はどう映ったのだろうか。この三重連から数ヶ月後には、この地をお召列車が走ることになる。それが蒸気機関車の牽く最後のお召列車、C57、C11、C56 がこの日の C61 以上に磨き立てられて走る、などということを誰が予想していただろう。

とにかくこの時期、周辺は蒸気機関車に沸いていたのは事実だ。こうして、忘れられないひと時を過ごしたのであった。

そして梅小路…

　発車時刻を訊いて、先回りすることにした。財部から少し北に行った地点で列車を待った。もとより夏の日の三重連である。そんなに煙も期待できない。編成が見通せる直線区間。C61 2を先頭に3輌の蒸気機関車、それにつづいて6輌の12系客車がつづく。

　満杯の乗客はみんな「特別列車」を楽しんでいるよう。車内の歓声までが聞こえてきそうな列車だった。

　その列車を見送って35年が経った頃、ふたたびC61 2に遭遇する機会があった。それは「梅小路蒸気機関車館」、現在の京都鉄道博物館で、であった。C61 2は三重連の特別列車の先頭に立った2ヶ月ほどのちには、京都に向けて保存のために送られている。

　梅小路に行ってからも基本的に動態が保たれ、時に本線での臨時列車牽引にもあたったりした。1979年には車輌としては廃車となり、蒸気機関車館構内でのみ運転可能、という状態にされた。

　写真は2010年に訪問時、構内の列車体験用運転の「スチーム」号を牽引しているシーン。三重連当時の装飾やタブレット・キャッチャーは外され、ヘッドマーク付で構内を往復していた。

あとがきに代えて

　いまさらその魅力のひとつひとつを数え上げるまでもないだろうが、とにかくわれわれを魅了してくれた蒸気機関車。その魅力に突き動かされるように、消えゆく前になんとか記録に残しておきたい、と日本全国を走りまわった。その成果が本書というわけなのだが、蒸気機関車が消えてしまった時の喪失感は、そのまま魅力の大きさの裏返しというようなものであった。

　いま頃になって思うのだが、われわれ鉄道好き以上に、鉄道の現場で働いていた鉄道人の戸惑いはいかがだったのだろうか。特に蒸気機関車に携わっていた人びと —— 運転するひとはもちろん、保守点検するひと、修理するひと、蒸気機関車に関わる多くの人びとにとっては、直接生活に関わる重大なできごとだったにちがいない。

　本文でも書いたけれど、当時の鹿児島鉄道管理局は晩年を迎えた蒸気機関車に特別な哀惜の情を以って、いくつものイヴェントなどを催してくれていたような気がする。蒸気機関車牽引のお召列車が運転されたのもそのひとつかもしれない。

　われわれ以上に蒸気機関車の消滅を惜しんでいた。それはそうだろう、多くの国鉄マンにとって、長年にわたって現場の仕事の相手でもあったのだから。

　C61 2 を先頭にした三重連特別列車が運転されたのは 1972 年 7 月 30 日のことである。その前の日は鹿児島機関区の扇形庫で蒸気機関車 13 型式をズラリ並べて機関区開放イヴェントが行なわれた。下の写真は、先輩、永瀬 修さんによる、当日のようすだ。

　蒸気機関車はあと数年で消え去ってしまう、そんな時期。そのときの人びとの蒸気機関車に寄せる惜別の思い、それに接してくれる国鉄の人びと…　いま思い返しても、じつに温かく、心和まされるひとつの情景であったような気がする。集まってきたひともそれを見守っている国鉄マンも、蒸気機関車の引退を惜しむ、同じ気持ちであったのだから。

　　　　＊　　　　　＊　　　　　＊

　有名な撮影ポイントは、たくさんのファンが集まって、写真を撮影しているからそのヒトたちに任せればいい。あまりヒトの行かないローカル線や小私鉄などをできるだけ回って記録しておきたい。

　そんな意気込みで、残された蒸気機関車の時間を駆け回っていた印象がある。だから最後まで蒸機、それも人気の「シゴナナ」が働いていることで多くの注目を集めていた日豊本線にはなかなか足を向けることがなかった。最初の機関区巡りで宮崎区を訪れたのは、ちょうど C55 から C57 に変わろうとしている時期であった。まだ多くの C55 が働いていたが、機関区で車輌写真を撮っただけで、走行シーンにまでは手が回らない、という状況だった。

いよいよ最後が近づき、架線柱も準備されようかという頃になって、ようやく集中的に日向路を訪れることになった。それだけ日豊本線は最後まで蒸気機関車の活躍が見られたところであった。

宮崎を中心とした「本線」に、旅客用蒸気機関車の花形のひとつであるC57型が1970年代にまで残っていたのは、思い返してみても不思議というか奇跡というか…

そのころになると少しずつ写真撮影の技術も向上して、レンズも増えていたから、単に走っているぞという以上の写真も撮るようになっていた。が、まだまだあんな写真も撮ってみたい、こんな写真も撮ってみたい、と思いつつも被写体である蒸気機関車は待ってはくれなかった印象が強い。

　　　　＊　　　　＊　　　　＊

それにしても、C61を先頭にした三重連、それを見物に来た財部駅のようす、はたまた宮崎や鹿児島の機関区を自由に出入りさせていただいていた日々が懐かしい。いまや、軌道敷にちょっと入っただけで処罰されてしまう。

機関区事務所や駅員さんなどに断りはするけれど、ほとんどの場合「列車に気を付けてよ」といわれるだけで、むしろ歓待していただいた記憶がある。もちろん、そういわれたからには「指差確認」はもとより、撮影に夢中になってしまわないよう周囲にも注意を払って行動したものだ。そうした、無言の信頼関係も戴いていたように思う。

それこそブームのようになって、線路内に立ち入った少年が事故を起こし、さらにそれを家族が訴えるなどという好意を逆手に取るようなことをして以来、機関区は立入り禁止、現場のひとたちの目からも温かみが消えたように思えた。

JR東日本、C6120 + C57180の列車。

話を戻して、三重連の主役であったC61 2は、いまも「梅小路蒸気機関車館（現、京都鉄道博物館）」で見ることができる。国鉄がJRに分割民営化されて、蒸気機関車の多くは梅小路、つまりはJR西日本のものとなった。たとえばC61は長く東北にあったのだから東日本にする、C62 2はぜひとも北海道で復活運転してもらいたいものだ、などと叶わぬ戯言を言いたくなるのだが、ほとんどが動態保存では無くなってしまったいま、「分社化」の折の配慮がなかったことが悔やまれる。

考えてみれば、復活していまもその勇姿を見せてくれているC6120やC57180を見るにつけ、その復元、保守の技術はもっと多くの機種で発揮してもらいたいし、文化として鉄道を、蒸気機関車を考えるなら、C62もC53、C51もぜひ走る姿で見たい、後世にも残してもえたらと願う次第だ。

2023年早春に
　　　　いのうえ・こーいち

いのうえ・こーいち　著作制作図書

● 『世界の狭軌鉄道』いまも見られる蒸気機関車　全6巻　　2018 〜 2019 年　　メディアパル
　1、ダージリン：インドの「世界遺産」の鉄道、いまも蒸気機関車の走る鉄道として有名。
　2、ウェールズ：もと南アフリカのガーラットが走る魅力の鉄道。フェスティニオク鉄道も収録。
　3、パフィング・ビリイ：オーストラリアの人気鉄道。アメリカン・スタイルのタンク機が活躍。
　4、成田と丸瀬布：いまも残る保存鉄道をはじめ日本の軽便鉄道、蒸気機関車の終焉の記録。
　5、モーリイ鉄道：現存するドイツ 11 の蒸機鉄道をくまなく紹介。600mm のコッペルが素敵。
　6、ロムニイ、ハイス＆ダイムチャーチ鉄道：英国を走る人気の 381mm 軌間の蒸機鉄道。

● 『C56 Mogul』 C56 の活躍した各路線の記録、また日本に残ったうちの 40 輌の写真など全記録。

● 『小海線の C56』 高原のローカル線として人気だった小海線の C56 をあますところなく紹介。

● 『井笠鉄道』 岡山県にあった軽便鉄道の記録。最期の日のコッペル蒸機の貴重なシーンも。

● 『頸城鉄道』 独特の車輛群で知られる新潟県の軽便鉄道。のちに 2 号蒸機が復活した姿も訪ねる。

● 『下津井電鉄』 ガソリンカー改造電車が走っていた電化軽便の全貌。瀬戸大橋のむかしのルート。

● 『尾小屋鉄道』最後まで残っていた非電化軽便の記録。蒸気機関車 5 号機の特別運転も収録する。

● 『糸魚川＋基隆』 鉄道好きの楽園と称された糸魚川東洋活性白土専用線と台湾基隆の 2' 蒸機の活躍。

● 『草軽電鉄＋栃尾電鉄』永遠の憧れの軽便、草軽と車輛の面白さで人気だった栃尾の懐かしい記録。

● 『日本硫黄 沼尻鉄道』鉱石運搬につくられた軽便鉄道の晩年を先輩、梅村正明写真で再現する。

● 季刊『自動車趣味人』3、6、9、12 月に刊行する自動車好きのための季刊誌。肩の凝らない内容。

著者プロフィール
　いのうえ・こーいち　　（Koichi-INOUYE）
岡山県生まれ、東京育ち。幼少の頃よりのりものに大き
な興味を持ち、鉄道は趣味として楽しみつつ、クルマ雑
誌、書籍の制作を中心に執筆活動、撮影活動をつづける。
近年は鉄道関係の著作も多く、月刊「鉄道模型趣味」誌
に連載中。主な著作に「C62 2 final」、「D51 Mikado」、
「世界の狭軌鉄道」全 6 巻、「図説電気機関車全史」（以上
メディアパル）、「図説蒸気機関車全史」（JTB パブリッシ
ング）、「名車を生む力」（二玄社）、「ぼくの好きな時代、
ぼくの好きなクルマたち」「C 62／団塊の蒸気機関車」
（エイ出版）、「フェラーリ、macchina della quadro」
（ソニー・マガジンズ）など多数。また、週刊「C62 を
つくる」「D51 をつくる」（デアゴスティーニ）の制作、
「世界の名車」、「ハーレーダビッドソン完全大図鑑」（講
談社）の翻訳も手がける。季刊「自動車趣味人」主宰。
株）いのうえ事務所、日本写真家協会会員。
連絡先：mail@tt-9.com

日豊線の C57　C61 ＋　三重連　鉄道趣味人 08　「南九州 2」

発行日　　2023 年 4 月 15 日
　　　　　初版第 1 刷発行

著者兼発行人　いのうえ・こーいち
発行所　株式会社こー企画／いのうえ事務所
　　　　〒158-0098　東京都世田谷区上用賀 3-18-16
　　　　PHONE 03-3420-0513
　　　　FAX　　 03-3420-0667

発売所　株式会社メディアパル（共同出版者・流通責任者）
　　　　〒162-8710　東京都新宿区東五軒町 6-24
　　　　PHONE 03-5261-1171
　　　　FAX　　 03-3235-4645

印刷　製本　株式会社 JOETSU

© Koichi-Inouye 2023
ISBN　978-4-8021-3396-8　C0065
2023 Printed in Japan

著者近影　　撮影：イノウエアキコ